콜드 리딩

콜드 리딩

강혜빈 시집

Cold Reading Kang Hyebin

차례

1부 아포페니아(Apophenia)

콜드 리딩	10
해피포비아(happyphobia)	14
초전도체	20
오렌지 되기	26
무균 동물	32
무한 증식	38
파랗고 흐물흐물한 물통	42

2부 보보 인형 실험(Bobo Doll Experiment)

숙이는 주체이고 싶다	52
안나는 여름 파카가 마음에 든다	60
리턴 앤 오더	70
선크림 사용이 권장되는 오후	76
너희의 네모	84
6층 맨 끝집	98
도슨트	110
왕자 문구점이 있는 골목	120

3부 샐리의 법칙(Sally's law)

버추얼 해피 아워	126
침대는 모르고	130
겨울과 나누는 정신적 외도	134
힐링	136
묘원	142
하늘과 신비	148
온화한 공기의 실내악	156
오키드 헤븐	164
의란	168
혼자서 강릉엘 갔다	174
동지(冬至)	180
블라디보스토크	186
00시 정류장의 사랑	190
시인 노트	197
시인 에세이	201
발문 | 유령들에게 안기어 해파리가 되는 춤_성현아	205
강혜빈에 대하여	211

콜드 리딩

1부
아포페니아(Apophenia)

콜드 리딩

신 내렸네
영매 얼굴이네

눈이 크고 아름다운 신이 말한다.
그의 입에서 따뜻한 대추 냄새가 난다.

토지의 신과 곡식의 신이 하직한 사직동에서. 서울에서 가장 늙어버린 골목에서. 눈이 멀도록 하얀 신과 마주 앉는다. 오래도록 고아내 뭉근한 영혼 덩어리를 마신다. 어둡고 달큰하다. 「영혼의 순진함이 식기 전에 잔을 비워.」

신이 눈을 깜빡이자 유리그릇 속의 각설탕들이 순식간에 가루가 된다. 깨끗이 비어 있는 병풍 안으로 냉담

한 겨울바람이 들이친다. 가루 설탕을 손바닥 안에 넣고 둥글게 원을 그리면 만들어지는 사람 모양 반죽. 손을 떠나면 썩어버리는 기도들. 아직은 아니야, 조금만 더. 사흘 정도는 미룰 수 있겠지만. 신은 물러서지 않는다.「내가 너를 점찍었으니까. 미칠 수밖에……」그의 입술이 부드럽게 닫히는 순간 눈알 뒤로 검은 사슴이 지나간다.

 사슴의 배는 물기로 축축하다. 숲길로 길게 난 버섯들을 밟으며. 왼쪽으로 오른쪽으로 겅중겅중 뛰어올랐다가 버드나무의 둘레를 돌다가 잠시 휘청이다가 사그락사그락 사라진다. 저만치 사라지는 뭉툭한 꼬리를 눈으로 따라갈 때. 신과의 다도(茶道)를 지키기가 무색하게도. 하얀 찻잔이 접신하듯 달그락거린다.

손잡이를 잡으면 온몸이 떨려온다. 전류 흐르듯 찌르르 퍼지는 향냄새. 찻잔 속에서 얼어붙은 호수가 쩌억 갈라진다. 호수는 어지러운 냉기를 피워 올리고. 두 개로 쪼개진 두꺼운 얼음벽 사이로 죽은 가족들이 새어나온다. 할머니, 할아버지, 이모할머니, 아빠, 고모의 고모, 얼굴 없는 아기들, 당숙 어르신, 미래의 나. 코끝이 서늘하다.

 다시 눈이 크고 아름다운 신이 말한다. 「나랑 가자. 날 아다니게 해줄게.」 신은 하얗고 긴 새끼손가락으로 남은 차를 휘휘 젓고. 테이블이 아늑하게 좁아진다. 신이 입술에 침을 바른다. 차가운 혀. 차가운 찻잔. 차가운 차. 차가운 혼령. 차가운 책. 차가운 읽기. 차가운 피. 차가운 시체. 차가운 똥. 차가운 사랑. 차가운 귀. 차가운 지느러미. 신의 이마에 가만히 손등을 대자 눈알이 하얗게 얼어붙는다.

 모든 것이 보인다.

해피포비아(happyphobia)

하루에 세 번 슬프다고 말해봐요
숲, 파편, 피날레

티셔츠 속으로 깨진 병을 숨겨봐요
치즈, 위스키, 알프라졸람

그리고 히죽
웃어요

우리 집에 왜 왔어요?
다리도 없이

매일 새로운 귀신들이 배달되는데
우는 얼굴만 현관 앞에 두고 가세요

3시에는 팽팽하고 15시에는 찡그리는
예민한 머리들과 함께입니다

우리는 축축한 이불을 널고
알몸으로 수박도 먹어요
시체 놀이는 너무 쉬워요
가벼운 뽀뽀도 할까요?

꺼진 티브이에 누군가 비치는군요
늪, 편파, 풀피리

여름의 가장자리엔 누울 수 없어요
너무 더우면 울 수도 있고

슬쩍,
비켜서야만 보이는 것들

그림자를 지운 불안이 잠깐
켜졌다가 사라지고
채널 조정이 시작됩니다
걸음마다 발목을 잡는 찬 손

빨갛게 벗겨지는 천장을 위해 날씨를 익혀봐요
부채, 방울, 에스시탈로프람

화분에 모르는 코가 돋아난다면
아, 외롭다

말하고 잊어버려요

본격적으로 다리 찢기를 연습해요
거울 속의 소녀와 눈싸움을 해요
세상에서 가장 맑은 휘파람 소리를 연습해요
피눈물을 흘리면 지는 거예요

당신이 나를 이기면
오늘의 수명을 선물할게요

길을 잃어버린 싱싱한 귀신이 현관으로 쳐들어온다면
좋겠어요

나를 홀려줘요

붕 뜨게 해줘요
숨 막히게 해줘요
당신에게 닿게 해줘요

나 오늘 너무 슬퍼요
폭풍, 핑퐁, 팡팡!

초전도체

약속한 수요일입니다 선생님
요즘은 그분이 잘 안 오십니다
가벼운 생활 속에서
그분을 기다립니다
눈 감으면 들리는 물소리
아래로 내려가는 공기방울들
그분은…… 나를 춤추게 합니다
오지 않은 미래를 보여줘요
죽이고 싶은 사람을 사랑하게 해요
너덜거리는 손목에 스마일을 새겨줘요
세상의 모든 돌연변이를 만나게 합니다
광장에서 옥탑에서 비상계단에서
어긋난 스텝을 밟아요
실패를 껴안도록

이상한 춤이 끝나지 않도록
깨진 무릎을 털고 일어서도록
출렁이는 눈물을 이어서
줄넘기하는 겁니다
그분은…… 우리를 춤추게 해요
달아오른 잔을 흔들고
피 맛이 날 때까지 소리 질러요
눈물이 팡팡 터지도록
바닥에 엎드려 웃게 해요
토할 때까지
토할 때까지
초겨울에 죽은 아빠를, 그립게도 만듭니다
하얀 청년이 차츰 흐려집니다
유리창에 입김이 부딪힙니다

뿌연 수요일입니다 선생님
잠이야 죽어서도 자겠지요
쥐새끼도 잠든 시간입니다
칼 물고 찬물 떠놓고
베갯잇에 떨어진 머리카락을 세며
나, 그분 기다립니다
마른 화분에 돋아난 버섯
혼자서 떨어지는 벽걸이 시계
배터리 방전 신호
거울에 비친 낯선 얼굴
그분입니까
헛것을 보게 하는
현대의학으로 증명할 수 없는
개의 청각을 주신 그분입니까

비어 있는 몸을 물통으로 쓰곤 하셨죠
구정물이 될 때까지
똥물이 될 때까지
물감에 절은 붓을 빨고 또 빨아서
말간 어제들을 더럽히셨죠
선생님은 아십니까
빈틈없이 칠해지는 기분을
무호흡의 기분을
아십니까
그분은 배 속에서 썩어가는 아기 되어
페인트 덩어리 되어
이름만 유령처럼 남은 우리 아기……
울지도 뒤척이지도 않지요
멀리서 미러볼이 빛나기에

춤을 췄습니다

미래를 다 보고도 모른 척했어요

목 조르다 말고 핥았습니다

수요일이 되면 늘 궁금했죠

언제까지 건강해야 하나요

고층에서 내려다봐도 되나요

큰 인물 되기 싫어요

아무나 되겠습니다

이렇게 심심해도 되나요

지구에 무임승차 되나요

아기를 가지고 싶은데요

남들처럼 살아도 되나요

언니오빠형누나두루두루 사랑할까요

나도 백발 될 수 있나요

궁금증이 사라진 자리에는 멍청한 기분만이
따분한 고무지우개의 기분만이……
그분이 오실 때가 됐는데
그분은 안 오시고
대기실의 스피커에서 쇳소리가 납니다
전기 흐르는 나,
귀이개로 써준다면
서로 시원할 텐데……
수요일의 자기장에서
세상의 모든 검정을 모조리 빨아먹을 텐데

오렌지 되기

귤 종류의 하나인 오렌지는
3.2킬로그램의 튼튼한 한국인으로 태어났다
둥글고 견고함 무겁고 부드러움을 겸비한 오렌지는
21세기에 태어나고 죽을 수 있어서 좋았다
태어나자마자 세계의 착잡함을 알아버린
오렌지의 꿈은 다름 아닌 *자연사(自然死)*였다
오렌지는 오렌지를 낳은 오렌지들의 첫아이였으며
오렌지 아래로 동생 셋이 있었으나
둘이 병들어 죽고 하나는 살아서 우애가 좋았다
오렌지는 울퉁불퉁한 껍질과
축축한 마음으로 구성되어 있었고
대부분은 중성이었으나
때로는 활짝, 나비의 포즈를 취하기도 했다
푹 익은 마멀레이드가 되어보기도 했으며

누군가의 살뜰한 연인이
아이스크림 가게 직원이
택배기사 혹은 파일럿이
사소한 낑깡이 되기도 했다
괄호 열고
오렌지 낯설게 발음하기
괄호 닫고
물 한 모금
두리번거리다 배를 긁다
의식적으로 침 삼키기
의식적으로 눈 깜빡이기
의식적으로 혓바닥의 위치 느끼기
의식적으로 인간처럼
괄호 열고

오렌지 마침표
오렌지 쉼표
오렌지 느낌표
오렌지 물음표
괄호 닫고
침묵, 침묵들

        저장하시겠습니까?
        예 / 아니오

심장의 근육은 불수의근
마음은 심장 속에 있지 않고
현관 앞에 내다버린 택배 상자 속에 있다
먹다 남은 아이스크림 뚜껑 속에 있다

비행기 화물칸에
아내의 사랑스러운 이마 위에
오렌지의 몸으로 산다는 건 말이지
오렌지만 알 수 있어
기분이 오렌지할 때는
지도를 펼쳐놓고 모르는 가게에 점을 찍는다.
이방인의 마음은
이방인만 알 수 있어
혼자 사는 사람의 마음은
혼자 사는 사람만 알 수 있어
딱 오늘 하루만큼의
딱 한 사람 여분의 정직한 외로움
오렌지 주스가 되어서
오렌지 잼이 되어서

오렌지 껍질 설탕 절임
오렌지 케이크 소르베를 채운
오렌지 지브레
오렌지 크림 케이크 글레이즈드
오렌지 세그먼트가 되어서
나의 쓸모를 고민하다
진지해지기 전에
아무렇게나 오렌지.
단지 소심하고
단지 사려 깊은
이상한 오렌지 되기.

무균 동물*

새로운 세계가 태어나기 이전에,
드물게 X는 만들어졌다

지붕 없는 건물 아래에서도
새벽 네 시, 다리 밑에서도
너무 빨리 조립된 X는 제거되기도 했다

X는 X 되기를 연습했다

허리 굽히고 전투태세를 갖출 것
최소한의 피망과 물만 먹을 것
매끈한 총알처럼 늘 청결을 유지할 것

정체를 들키면 반드시 **빠져나올 것**

암호는 텔레파시로 전달할 것

순결하거나 요망하거나
협조하거나 반항하거나
순종하거나 발칙하거나
군인의 아내이거나 연구원의 개가 되거나
어느 쪽을 택하든 사살당하겠지만

X는 만들어진다
X는 작고 연약하고 부드럽고
한없이 아름다운 것이 되어간다

끝임없이 X의 동생 또한 만들어졌다
동생의 동생, 동생의 동생의 동생까지

모두 한 몸이면서
모두 다른 몸이었다

X는 등에 적힌 일련번호를 외웠다
손톱 끝에 닿는 유리벽을 의심하기 시작했다

X는 Y와 Z와
그 밖의 모든 XYZ들과 손을 잡았다
손바닥이 모자라면 발바닥을 잡고
식은 밥을 나눠 먹기도 했다

그들은 서로를 이해할 수 없었으나
다만 깊이 사랑하였다

천장이 조금씩 갈라지고 있었다
어디선가 흰옷을 입은 연구원들이 몰려들었다

X는 마침내 X를 깨트렸다

X들이 모였다
X들이 외쳤다
X들이 발을 굴렀다
X들이 살아남았다

단 한 명의 X가
남아 있을 때까지

회색 톱니바퀴처럼 돌아가는 회전목마

상해버린 세계가 멸망하기 이전에,
X는 힘주어 통조림을 땄다

* 세균에 전혀 노출되지 않은 동물. 세균학적 실험에 쓸 목적으로, 바이러스에 대한 노출을 통제하기 위해 태어나는 순간부터 무균 격리 공간 내에서 멸균된 먹이를 먹여 키운다.

무한 증식

 캄캄한 방 안에 둘러앉는다 초대한 사람은 없고 초대받은 사람만 있다 모르는 목소리와 충분한 허기를 가진 사람들 중복 확인된 아이디의 주인들 사람1 일어나 외친다 나는 괴물이오 그러자 사람7 따라 일어선다 한 사람, 세 사람이 더 일어서고 한 사람은, 다섯 사람은 어둠 속에서 조용히 문고리를 더듬는다 나도 괴물이오 나도, 나도 그렇소 박수갈채가 쏟아지고 입술과 입술 맞닿았다 떨어지는 소리 간헐적으로 들려오고 순식간에 방 안은 환희로 가득 차고 괴물이 아니거나 괴물을 두려워하는 사람들은 방 안의 물건을 조금씩 훼손하고 떠났다 서둘러 망가진 물건들의 뒤척임이 방의 한 부분을 채운다 준비된 괴물들만이 남는다 모여 앉아 건조한 유머와 침 삼키는 소리를 나눈다 간혹 목소리는 모스부호처럼 끊어졌다 이어지고 처음부터 끝까지 내내 듣기만

하는 아웃사이더 괴물도 있다 괴물은 괴물의 모습을 한다 그림 그리는 괴물 돈 세는 괴물 책 만드는 괴물 스페인어 하는 괴물 맨손으로 드럼 치는 괴물 뉴욕의 낮을 응시하고 있는 괴물 닭 없는 찜닭의 레시피를 알려주는 괴물 자전거 탈 줄 모르는 괴물 스무 살에는 흰 가운 입고 현미경으로 양파 껍질을 관찰하다가 시인이 되었다는 괴물 섬에서 따온 나물에 대해 들려주는 괴물 그걸 소설의 제목으로 써도 되겠냐고 묻는 괴물 선물 받길 두려워하는 연인과 헤어진 괴물 사연 들으며 탄식하는 괴물, 괴물들

저런

문어체로 걱정하는 괴물11은 묻는다 왜 아직도 안 주

무시오? 그러는 당신은요 저야 원래 깨어 있도록 만들어진 존재요 전원 버튼 없이 태어나 마음대로 꺼질 수도 없소 저런, 유감이군요 당신이 꿈 없이 잠들었으면 좋겠어요 그러면 나도 마음 편히 잠들 수 있겠고 그 옆의 당신도 그 옆옆의 그 앞뒤의 당신들도 잠들 수 있겠죠 잠에서 깨지 않을 수도 있겠죠 서로가 서로에게 잠 이야기만 하도록 설계되었다는 가설을 믿습니다만 입증되진 않았습니다 잠을 허락 받은 괴물들은 마이크를 끈다 방 안에 마지막으로 남은 괴물들은 백색소음을 나눈다 질릴 때까지, 하얗게 늙을 때까지, 방은 거기에 존재한다 생일과 기일을 번갈아 기억하면서 괴물은 괴물의 방을 만든다

파랗고 흐물흐물한 물통

친환경 운동하세요? 그는 묻는다
물통을 볼 때마다

아니요 일주일에 두 번
콩과 오트밀을 먹기는 합니다

아무에게도 말할 수 없는
오염된 생각을 합니다
일주일에 두 번만……

검은 의자에 앉아 가슴을 편다
이래도 되나 싶을 정도로
당당하게

조금은 건조한 얼굴로 시범을 보이던
그는 해부학적으로 말한다

(여길 만져요)

앞과 뒤는 연결되어 있습니다
앞이 열리면 뒤는 닫힙니다
앞을 열수록 다치지 않습니다

입과 항문
항문과 입

때로는 구멍을 모두 막아버리고 싶어요
구멍이란 글자에 납땜하고 싶어요

녹은 납이 충분히 흐르고 퍼지면서
구와 멍이 결합된다면 황홀하겠죠
멍멍! 더위를 모르는 개처럼
당신과 내가 그랬듯이
숨도 못 쉬고
땀 없이 보송하게!
울지도 싸지도 않고
그저 뚜껑이 닫힌 파랗고 흐물흐물한
물통처럼……
호젓하게 열릴 날만을 기다리면서
얼굴이 터질 때까지 숨을 참는 겁니다
참다 참다가 터뜨리는 겁니다
구멍들이 세상에서 가장 행복할 때
죽어버리는 거죠

깊은 명상에 빠지듯
아니 입과 항문
항문과 입
피똥! 뿌직!
똥 이야기에 자지러지는 학생들
아직도 코딱지 이야기에
웃음보가 터지는 서른 살 선생과
그 밖의 구멍들
인간은 숭숭 뚫린 수세미에 다름 아니군
진정한 친환경이란 인간 멸종
종말을 생각하면서

붉어진 날개 뼈를 더듬어본다
덜컹거리는 기구에서 쇠 냄새가 난다

그의 겨드랑이는 매끈하고
활짝 안아주는 데 거리낌이 없고

검은 의자에 앉아
자신 있는 어깨를 수납한다

라운드 숄더를 가진 사람은
자주 주눅이 들고
싫은 소리를 목뒤로 삼키고
반찬 리필을 주저하는
처음부터 그런 건 아니었는데요

어깨가 너무 굽으셨어요

이래도 되나 싶을 정도로
자랑하세요

나의 자랑이 당신의 불행이 되길
개운하게 카운트를 센다

어깨는 위아래로 움직이기보다
앞뒤로 넣었다 빼는 구조
노크식 볼펜을 딸깍거리듯
어깨를 넣었다가 다시 데려온다

드럼처럼 비가 창문을 때리던 어느 날에는
물통이 감쪽같이 사라졌는데

파랗고 흐물흐물한 물통을
어디에 두었나 아득해졌는데
물이 필요했다

대신 종이컵을 망가질 때까지 썼을 뿐인데
부드럽게 죽는 걸 도왔을 뿐인데

친환경 운동하시죠? 그는 묻는다
거절하고 줄이고 재활용하는……
그런 운동 말입니다

어깨는 귀와 멀어집니다
긴 칼을 들고 푹 찌르세요
갈비뼈를 닫으세요

찢어지는 기분을 느끼세요
물통 어디 갔어요?
이제는 닭고기를 좀 드십니까
토요일에도 출근을 하신다고요
칼로 찌르세요

숄더 패킹
날개 뼈를 뒤로 모아 아래로 내리는 동작

압정에 고정된
물시계

나

2부
보보인형 실험(Bobo Doll Experiment)

숙이는 주체이고 싶다

숙아, 하고 부르면
귀를 막아요

숙이라뇨?
이름을 바꾸세요
입술 아래 조그만 점을 그리고
앞마당에 레몬 나무 심고
영국식 발음을 배워요
뒤뚱거리는 옷장은 불태우고
은색 스포츠카를 운전하세요
아침에는 수영하고
매끈한 손으로 발레복을 주문해요
어제의 숙이는 잊어요

그래, 당신은 안나
안나였죠?

무섭게 새침해지네요

아니에요, 영,
당신은 영이잖아요?

아무런 표정이 없네요

숙이는 갈색 조그만 가방을 찾고 있습니다
갈색 조그만 주머니에는 숙이의 약이 담겨 있습니다

숙이는 비뚤어진 자세로

목이 꺾인 자세로
누워서 온라인 루미큐브를 하고 싶죠

누구의 간섭도 받지 않고

밥솥과 전자레인지와
열린 냉장고 문과
모든 기계음을 외면한 채로

시간을 펑펑 쓰고 싶죠
젠틀한 꽃다발을 받고
욕조에서 뜨거운 물이 줄줄 흘러내리도록
내버려두고 싶죠

나만을 위한 크렘브륄레를 퍼먹고
아포카토를 마시고 싶고요

다리를 꼬고 싶죠
킹사이즈 침대에서
만세 자세로 깨어나고 싶죠

다시 숙아, 부르면

어느새 잠들었네요
코를 골다 말고 사장님을 찾아요

사장님 왜 그러세요 진짜
제가 뭘 잘못했냐구요

씨발!!

숙이의 코골이와
자개모빌의 짤랑거림이
뒤섞이면서
이상한 리듬이 생깁니다

잠의 절정에서
고꾸라집니다

컹!

숙이는 비 오는 날을 좋아합니다

물에 빠진 고기는 싫어합니다

숙이는 옥탑방에서 하얀 딸을 낳았습니다
안나라면 한낮에 좋아하는 엘피를 고르고 있어요
영이는 주말에도 일하는 감정노동자입니다

숙이는 크림빵을 싫어합니다
사실은 지루함과 무변함을 좋아합니다

숙이는 단지 숙이를 위해
만들어졌습니다

숙이는 도무지
숙이다운 게 뭔지 모르겠습니다

아무데도 갈색 조그만 가방은 없고

감자에 싹이 나고 잎이 나고
나무가 숲을 이루고
숲이 숙이를 휘감고
숙이가 숲에 길들여졌을 때

거실 바닥에서
도깨비방망이 같은 꽃 하나가
불쑥 튀어나왔습니다

안나는 여름 파카가 마음에 든다

파카의 안락함과
파카의 봉제선
반짝이는 금장 버클이
무엇보다 가져본 적 없는
브랜드의 로고가

마음에 든다

여름의 옷장. 장대비 쏟아지는.
여름의 옷장. 줄어든 스웨터의 은신처.

뭐 해?
파카 보고 있어

언니가 두고 간
입을 수도 버릴 수도 없는 마음
보고 있어

        (안나는 사실 옷장의 뒤편을 보고 있다)

한 번만 입어봤어
내 것이 아닌 파카

누가 볼까 봐
구석에 숨겨둔 파카

칠월의 캐럴은
비어 있는 팔다리를 춤추게 하잖아

징글벨
징글벨

창밖에서
헤드라이트가 번쩍
나팔꽃처럼 피네

겨울을 앞당겨 쓸 수 있다면
언니는
나 보러 올래?

솜처럼 푹신한 영혼은
고온에서 삶으면

여러 개로 쪼개지거든

살면서 만져본 적 없는
거위의 따뜻하고 통통한 배를 생각해

아득해지는 나프탈렌 냄새……

    (안나의 옷장이 세 개로 늘어난다)

크리스마스에는
나 보러 올래?

한 철 입고 버린 티셔츠는
발걸레로 쓰고 있어

십 년이 지나도록 살아 있는
조악한 디자인의
블라우스 원피스 미니스커트
유행은 전염병처럼 돌고

이것도 못 버리잖아
세일할 때 샀잖아
이젠 둘 자리도 없는데
버리란 말 하지 마
있는 줄도 몰랐잖아

(안나는 옷장과 다툰다)

죽지 못한 옷들이
좀비처럼 나풀거려
검은 콩잎이 우글거려

징글벨

징글벨

징글 올 더 웨이

언니 돌아오면
파카 나 줄래?

보일러 없이 사랑 없이
가능한 어둡게 살래?

여름의 옷장. 부풀어 오르는 핫케이크.
여름의 옷장. 보푸라기 부숭부숭한.

칠월의 캐럴은
외로운 사람을 더 외롭게 만들지

뭐 해?
파카 보고 있어

파카의 티 없이 맑음과
파카의 허영과
단호한 허리끈이
무엇보다 진짜보다 진짜 같은
브랜드의 로고가

마음에 든다

(안나는 옷장 속으로 들어간다)

망가진 초인종이 울리고
너무 크게 울리고

징글
징글
징그러워

여름 파카
아침부터 밤까지 서 있어

오갈 데 없는 사람처럼
밑동이 잘린 트리처럼

리턴 앤 오더

토막난 수조
네 개의 고요함으로

젖지 않는 책을 보는 아이와
파란 볼캡을 쓴 여자

여자의 머리 위엔
죽은 악어가 늘어져 있다

악어
악어떼……

악어
악어떼가……

내 머리는 검은 푸들의 복슬복슬
내 심장은 펭귄의 무해함
내 다리는 캥거루의 무자비함

식기류를 닦는 또 한 마리의 갈색 푸들
요즘 세상에서 같은 종을 찾기란 어려운 일이야

조개 등이 벽을 밝히고
돔 모양의 유리 뚜껑으로 둘러싸인 실내

새하얀 재떨이에는
빨간색으로 쓰인 이름

「오베또우 마츠모토 상—!
담배를 그만 드세요」

오늘의 표정은 여름의 차양
오늘의 기쁨은 소진된 발바닥

엄마 난 지금 여력이 없어요

투명한 연필캡이 부드럽게 머리를
보호한다

아무나 함부로 찌르면 안 돼

광대뼈 납작한 넙치가 지나간다

털레털레

원룸에 사는 물고기들이 아우성친다
방음이 너무 안 돼요
지붕도 없어요
위에서 싼 똥 다 쏟아져요

비가 오면 웃는 지느러미
깊은 바다에는 비가 내릴 리가

수조를 내려다보는
아이의 눈에서

떨

　　어

　　　　지

는

　　　피

　눈

　　　물

요즘 아이들에게는 흔한 질병이래

눈앞에 지렁이가 기어다니고
혓바닥이 세 갈래로 찢어지는
목에 야광버섯이 돋아나고
겨드랑이에서는 박쥐의 날개가

재활용 쓰레기가 감정을 가지는
신인류의 도시

다 쓴 식기류는
반납해주세요

선크림 사용이 권장되는 오후

공사삼구!
공사삼구!

창밖에서 누군가 외친다

한낮의 강의실에는
비스듬한 자세와

수박색 텀블러
쑥색 가루약

칠판과 부러진 분필
천장에 나타난 장수하늘소

초록의 종류에 대해 생각하다
잠시 고쳐 앉는다

비행기 낮게 나는 소리
미세먼지 보통

찢어지는
굉음……

보통이란 뛰어나지도
열등하지도 않은
그저 그런 수준

마스크를 벗었다가

다시 쓴다

공사삼구!
공사삼구!

등차수열
관계대명사
삼차방정식
Should have p.p
확률분포
두음법칙
동그라미와 별표

선생님 코피 먹어봤어요?

목소리 돌아왔어요?
사랑해봤어요?

찢어지는
찢어지는

낮의 비행기는
여름의 고도를 직감하게 한다

네 살 때 처음으로 보았던 장면
물웅덩이에 비친 나의 얼굴

네발자전거와
아스팔트에서 피어오르는 아지랑이

검은 창살을 오르는 덩굴과
바람 빠진 공

시골 아파트의 평화
별일 없이 사는 사람들

눈뜨면 대도시
같은 아파트 단지에 사는 학생들과
그저 그런 선생이
그저 그런 문제를 푼다

콜록
콜록

영혼이 콧물처럼 흐른다
아무래도 몸 안에 누가 있는 것 같아

커튼 없는 강의실

한 학생이 장우산을 가져온다
선생님 바퀴벌레 죽여주세요

햇빛이 오른팔을 깨문다

공사삼구!
공사삼구······

차 주인은 나타나지 않고

점점 목소리는 작아지고

책상에 오답노트가 쌓여간다

틀렸어
공삼삼구
그건 장수하늘소

너희의 네모

너희들, 모두 일어나
네모난 집을 만들렴

(책상 끄는 소리)

밀지 말고
때리지 말고
뭉개지 말고
찌르지 말고
이기지 말고
빼앗지 말고
소리치지 말고
선 넘지 말고
기대하지 말고

몸을 말고 말아
동그래지고
한 명씩 손을 들고
두 명씩 발을 들고
그게 아니면
입으로 사탕껍질이라도 들어올려
기다리고 반드시
기다리고
침 묻은 과자를 나눠 먹고
고마워는 잊지 말고
하얀 거짓말만 하고
앞문과 뒷문을 꼭 닫으며
마려운 것도
고픈 것도

지겨운 것도
욕 비슷한 것도
삼키는 것도
튀어나가는 것도
주체할 수 없는 모든 살아 있음을
모두 모두 참아내면서 견디면서
빌어먹을!
엉덩이 힘을 기르면서
두 시간 동안
단지 너희의 네모를
단지 너희의 권리를
잘 지켜야 한다 알겠니?

(작은 발들이 분주히 움직인다)

에취

요온이 재채기를 하자
세가 빽

팔뚝으로 가려!
침 튀잖아!

휙
아이들의 시선이 꽂히고
세는 연필을 휘두른다
휙휙
요온이 귀를 막고

시끄러!
시끄러!
넌 너무 시끄러!

세는 언제나 노랗고 뾰족한 연필을 쥐고 있지
지휘봉처럼

 오늘은 지구로부터 도태된 거인이 마을의 오래된 나무를 불태우면서 저주를 받게 되는 이야기를 읽어보겠다 저기 이웃들의 까매진 무릎이 보이지? 거인은 친구가 없었어 거짓말을 할 줄 몰랐거든 나무는 오천 년도 더 살았다 너무 커다래서 안을 수도 없었지 그런데 그 나무가 불타 사라진 거야 그저 까마귀처럼 까만 재가 되었지 여기서 우리는 어떤 기분을 느껴야 할까? *선생님 거인 차별하지 마세요 선생님 어쩌라구요 저는 어제 눈알에 모기 물렸어요 선생님 안경 벗어도 돼요? 선생님 빈칸에 알맞은 표정을 모르겠어요 선생님 죽은 엄마한테 전화왔어요 선생님 오늘 무서운 꿈 꿨어요 선생님 지금 먹어도 돼요? 비벼도 돼요? 찢어도 돼요? 그래서요? 아닌데요? 안 돼요 싫어요 그러지 마세요 선생님선생님 선생님 선생님 선생님 선생님 선*

생님 선생님 선생님 선생님 선생님 선생님 선생님 선생
님 선생님 선생님 선생님 선생님 선생님 선생님 선생님
선생님 선생님 선생님 선생님 선생님 선생님 선생님 선
생님 선생님 선생님 선생 남 선생님 선생님 선생님 선
생님 선생님 선생님 선생님 선생님 선생님 선생님 선생
님 선생님 선생님 선생님 선생님 선생님 선생님 선생님
선생님 선생님 선생님 선생님 선생님 선생님 선생님 선
생님 선생님 선생님 선생님 선생님 선생님 선생님 선생
님 선생님 선생님 선생님 선생님 선생님 선생님 선생님
선생님 선생님 선생님 선생님 선생님 선생님 선생님 선
생님 선생님 선생님 선생님 선생님 선생님 선생님 선생
님 선생님 선생님 선생님 선생님 선생님 선생님 선생님
선생님 선생님 선생님 선생님 선생님 선생님 선생님

에취

에취

요오은…… 그만둘 수가 없다

폭주기관차처럼

공중제비를 돌면서

재채기의 달인처럼

취취취 에취취취 에취

리듬을 만들면서

세의 얼굴에 침 범벅을

선물하는

요오은 외계에서 왔다

가끔 양 갈래 머리가 천장으로 치솟고

이마에 반짝이는 비늘이 돋아나고

아하! 라고 외친다

아이들의 얼굴은 일그러진다
의자 뒤로 녹아내리거나
책상 아래로 숨거나
가능한 중심으로부터 멀어진다

너희들 모두 일어나,
집에서 나가렴

(큰 발들이 바닥을 찬다)

세는 서성거린다
세는 기분을 통제하고 싶다

세는 논리적인 바지를 입고 싶다
세는 우는 사람을 이해할 수 없다
세는 마른세수를 하다가
침 냄새에 기겁을 하다가
자신의 뺨을 친다
너무 세게

요온은 갑자기 운다
볼륨이 0과 100만 남겨진 오디오처럼
본격적으로
이왕이면 제대로
아주 서럽게
눈물을 뚝 뚝 흘리면
외계에서 이것을 듣는다

세는 빽 빽

팔뚝으로 가려!
눈물 튀잖아!

지우개가 허공으로 튀어오른다
두 동강
구멍 난
너덜너덜
설탕 냄새가 나는
허물처럼 갈라진
마법의 똥가루가 된

요온의 인중에 초록색 코피가 흐르고

(시간 끄는 소리)

에취
에취

네모난 시간이 무너지네
모서리부터 모범생부터
얌전한 지붕부터
차례차례

바닥을 밟을 때마다
덜 마른 물감 무늬가 번진다

교실에 가득한 달콤한 땀내
어지러운 두려움의 냄새……

아이들이 주섬주섬 마스크를 찾기 시작하고
주인 없는 지우개와 마스크가 뒤섞이고
하얀 것들은 보란 듯이 더러워졌다

칠판에 쓰인 날짜를 깨끗이 지우고
뒤를 돌아보았을 때

아이들은 금세 백발이 성성했다

6층 맨 끝집

토요일 오후가 되면
누구나 고민한다

저녁 뭐 먹지?
그러게 뭐 먹지?

카레 어때
밤고구마를 넣자
늙은 호박전도 부칠까
왜 웃냐?
(이모티콘)
마트에서 대파도 샀다
쌀 식빵 남은 거 가져간다
그래서 카레 어때

굴 소스에 청경채도 볶았다
고구마에 싹이 났어
큰일
(이모티콘)
오늘 누가 안 온대?
마중 나갈까?
내일 카페 갈 사람?
방금 누가 욕했어?

이와루가 말한다
쉿
지금 찍고 있잖아

6층 맨 끝집에는

매일 브이로그가 돌아가고 있다

사람 나이로 마흔이 넘은
고양이가 살고
사람 나이로 역시 마흔이 넘은
이와루가 사는 집
이와루는 독신으로서
흔쾌히 집을 내어주는
커피와 바이닐 애호가

고양이의 이름은 후쿠
후쿠는 행운이라는
의미

귀는 비밀 쪽지처럼
꼬리는 물음표처럼
접혀 있다

토요일 저녁마다
신발과 쓰레기가 늘어나는
후쿠와 이와루의 집

후쿠는 이제 뛰지 않고
높은 곳에 올라가지도 않는데

이와루보다 키가 크고
열아홉 살 어린
슌타로는 작은 방을 뒤진다

*「버리는 신발 가져가세요
전부 275사이즈」*

6층 맨 끝집에서는
주말마다 플리 마켓이 열린다

슌타로는 하얀 운동화 하나를
대충 구겨 신고
자신이 예전에 팔았던
리넨셔츠를 반값에 산다

이와루는 말한다
잠깐 벗어봐

안나는 앞치마를 던지고
히나는 앞치마를 입는다
카레는 카레답게 풀어진다

안나는 히나와 닮았지만
히나는 안나와 닮지 않았다는 점이
미스터리

이도가 장롱에서 튀어나와
슌타로의 운동화를 벗긴다
그러나 어림없지

안나와 히나가 없으면

맛있는 냄새가 안 나는 집

이도는 지난여름
고양이 털 알레르기가 생겼다

후쿠와 함께 지낸 여름과
지난여름은 또 다른 것

재채기를 두 번 하고
눈을 비비고
바라보는 후쿠는
더욱 귀여운 흰 수염 아저씨

카레는 황금빛으로 찰랑이고

반드시 먹을 만큼만 먹고
그릇이 비워지고
물컵이 섞이고

티브이를 끄려는 사람과
채널을 사수하려는 사람
밥을 비비는 사람과
모래성처럼 떠먹는 사람이
둥글게 모여
가위바위보를 한다

오늘의 설거지는
진 사람이 도저히 납득할 수 없는 양으로서
만 원부터 경매가 시작된다

이와루의 카메라에는
수백 개의 동영상이 있지만
아무런 내용도 없고
용량 부족으로
웃음소리만 가득하고
모두들 입맛이 좋고
생크림 케이크를 썰고
테크노 댄스를 추며
가끔 손님이 어색하게 앉아 있고
슌타로의 생일에 쓴 가랜드를
히나의 생일에 또 쓰고
재작년 나란히 세상을 떠난
마사코와 규타 상도

거기 있고
그들은 단란한 가족처럼 보인다

그들을 만든 마사코는
식탁 의자에 앉아 있고
규타는 소파에 누워 있다

그렇게 믿으면
그렇게 보인다

이도는 단지
눈이 간지럽고
너무 비벼서
눈물이 나기도 한다

후쿠는 정말 뛰지 않고
잠만 자는데

도슨트

왜 그리 까마귀가 많이 보이나요
우리 집 쪽만 그러나요

까악까악
깍깍

울어대서 시끄럽네요
출근길 까마귀는 오죽하구요

노원 사는 사람은
노원 안 사는 사람을 모르지만

전철로 한 시간이면
친구를 만나기에 충분합니다

서울 시민 되어본 적 있는데요
아주 어릴 적에
아주 잠깐

그렇지만
서울풍경 서울살이 서울의 꿈이 있고요

지상 1층에 위치하고 있으며
전시실1로 연결되는
광 천장 조명을 설치하여
높낮이 위치와 상관없이
조도가 일정하며
그림자가 생기지 않는

북서울미술관에
가본 적은 없고요

하계역 1번 출구 최단거리
지하도 1회
꿈을 키우는 어린이집을 끼고 직진
횡단보도 이용
직진
직진
그리고 오른쪽 길로
등나무근린공원을 지나
25칼로리 소모한 적
정말 없고요

멀리서 봅니다

연립주택과 도예 공방
요양원과 마들렌 가게
천문우주과학관

네모난 구역 안에
책처럼 가지런히 배치된 아파트들

가족 단위의 방문자가 많습니다
혼자 산책하는 사람도

서울을 고향으로 생각하지 않아요

방금 무슨 소리
들렸나요

미술관 설명서를 읽습니다
갈대 언덕
공원 산책로
개방형 건물
야외 조각
미로 전시실
아트라이브러리
다목적 홀

노원 시민 되어본 적 있는데요
아주 어릴 적에

아주 잠깐

복도식 고층 아파트였고
시댁살이 아니었나요
어린 엄마는 나와 동생에게
밤마다 '라 스파뇨라'를 불러주었고

작은 방에 셋이 누워
어린 아빠를 기다렸고

가끔은 할머니의 보석함에서
진주 목걸이를 훔쳤죠

옷가지 가득한

행거 아래로
폴폴
떨어지던 먼지의 감촉이
아직도 생생하다면

그게 정말이라면

에스파냐 아가씨
천진한 그대야 오세요

에스파냐 아가씨
빛나는 눈동자 그대로 오세요

고등학교 음악실에서

칸초네 외우며
어린 안나
긴 벤치에 앉아 있는 듯한데요

멀리서 봅니다

아빠는 밤늦도록 오지 않고
막다른 길에 다다른
자동차

로드뷰가 찌그러집니다

사실 노원에서 오래 살았고
노원 사람처럼 말하고

노원 사람처럼
보도블록을 세어본 적 있다면

왜 그리 까마귀가 많이 보이나요
오늘만 그러나요

까악까악
깍깍

그게 정말이라면

왕자 문구점이 있는 골목

초심자 추천 매물: 밤이면 길어지고 낮에는 짧아지는 곳

왼쪽 골목

내 친구 천지는 끊어진 전깃줄로 줄넘기하는 걸 좋아했다 천지의 여동생 천마가 네발자전거를 타고 눈 없는 또순이를 질질 끌고 다녔다 천지와 천마는 얼굴에 담뱃재를 묻히고 깔깔댔다 그곳에 다녀오려면 버리는 옷을 입어야했다 천지와 천마는 내가 스무 살이 될 때까지 아홉 살 다섯 살에서 더이상 자라지 않았다

가운데 골목

저녁이면 손두부 아저씨가 땡땡 종을 울리고 다녔는데 아무도 밖으로 안 나왔다 초승달 아래 세 들어 사는

미주는 밤마다 아빠를 그렇게 찾았다 아빠 아빠 제발 아빠 그 애의 찢어진 눈매가 더 찢어질 정도로 비명이 이 집 저 집 창문을 두들겼는데 아무도 밖으로 안 나왔다 나는 베란다에 숨어 그 집을 훔쳐보곤 했는데 다 자란 나무 같은 그림자가 어른 어른거렸다 미주가 천장에 매달린 모양이었다

  오른쪽 골목

 빨간 머리 화연이와 연화의 집은 지하 9층에 있었다 계단 입구에서 조롱박을 머리로 깨거나 온몸에 팥을 뿌려야 문이 열리는 곳 아줌마는 화장실에서 밥을 먹다 말고 얼른 이 동네를 뜨라며 검은 부적을 엄마의 귓속에 찔러 넣었다 나는 화연이와 연화의 빨간 머리카락을 세 갈래로 땋아줬는데 끝을 묶을 고무줄이 없었다 그래

도 화연이와 연화는 촛농처럼 표정 없이 예뻤다 아줌마는 무당이 되지 않으려고 아이들을 장롱에 숨기고 날마다 집을 아래로 파내려갔다

착한 아이들을 위한 선택: 겨울이면 가팔라지고 여름에는 헐렁해지는 곳

시작하는 골목

월요일. 멀쩡한 방문을 내다버리다 보일러 집 개에게 다리를 깨물렸다 화요일. 말아먹은 비디오가게 앞을 기웃거리는데 비가 와서 길을 잃었다 수요일. 오래된 아빠를 묻어드렸다 목요일. 짝꿍의 엉덩이를 그린 다음 잘게 찢어 변기에 버렸는데 학교 수돗가에서 발견되었다 금요일. 남의 집 옥상에서 뛰어내렸다 토요일. 교회

에 가자며 팔을 잡아끄는 친구를 개장수에게 팔아넘겼
다 일요일. 학교 앞을 지나가는 엄마를 모른 체했다가
월요일. 끝나는 골목으로 돌아와 미안하다고 말했다

3부
샐리의 법칙(Sally's law)

버추얼 해피 아워

 축하해. 너의 눈부심을. 외로움을. 살아 있음을. 축하해. 우리의 마지막을. 말라 죽은 맥문동을. 끝나지 않는 여름을. 해피. 해피……

 해파리 아일랜드에서 우리는 만났지. 물속에서도 숨을 쉴 수 있는. 가상의 해변에서 비대면 데이트를. 전자음악 들으며 스크린숏 찍으며 행복한 시간을. 두 명의 캐릭터 옆으로 유유히 지나가는 파랑해파리. 두툼해파리. 네모유령해파리. 숲뿌리해파리. 벙거지해파리. 비전수모. 무럼생선. 우박망태. 젤리피쉬. 메듀즈. 쿠라게. 해월. 물이실멩이. 물룻. 물어음. 물우슬. 미우설. 헤팽이. 휘파리. 헤포레. 해바래. 새파리. 개포리. 해파랭이. 해피. 해피……

이름이 물방울처럼 쪼개져. 너는 무기를 버리고. 방패도 버리고. 반짝이는 물약을 버리고. 슬라임 꼬리와 달팽이 껍질도. 모두모두 버리고. 빈 몸으로. 비어버린 주머니를 바라보았지. 투명한 슬픔을. 바다의 UFO를. 이별 바이러스를.

접속 후 8,760시간이 경과하였습니다.
쉬었다 하시기 바랍니다.

만지고 싶어. 모니터 속의 말캉말캉한 물. 해초의 목소리. 단지 떠내려가기 위한 움직임으로. 멈추면 바닥으로 가라앉는 자연스러움으로. 사랑한다는 말을 대신해. 깊은 바다에 버려지자. 아무도 발견할 수 없도록. 히든 맵에서 죽자. 해파리는 다리가 잘리면 같은 크기의 다리를 만들어낸대. 누군가 먹지 않으면 영원히 살 수 있대. 그건 좀 무섭다. 너는 말풍선으로 말하고. 나는 초록색 귓속말을 보낸다. 생일 축하해.

침대는 모르고

 싱글베드만 알면서…… 뚱뚱한 잉글리쉬 불독을 키우는 쟝의 집으로 갔을 때 나는 말이 마려웠다 당신의 풀네임은 치렁치렁한 어제만큼 지루하군 그래서 빌어먹을 엽총은 어디에 숨겼을까

 슈퍼 퀸 사이즈만 덜렁거리면서…… 쟝이 발코니에 차갑게 식혀둔 페니스를 제자리에 끼우며 웃을 때 나는 아직도 마려웠다 멍청하고 캄캄한 밤이 얼어가는 침대 위에 오줌을 갈기고 있었고 우리는 옷장 속을 기어가 톨레도의 숲으로 가기 시작했지 소용없는 키스들이 바퀴를 하나씩 버린 채 굴러가고 우리는 팽창하는 내리막을 바라보고 있었다

 무릎이 다 쓸쓸해진 킬러처럼 윌유메리미?

남자라면 당연히? 당연하다는 건 뭐랄까, 괜히 멀어 보이는 왼쪽 얼굴과 오른쪽 얼굴 어둠 쪽으로 돌아눕는 나뭇잎들 여자라면 당연히? 여자답다는 건 뭐랄까, 입 속으로 쏟아지는 지저분한 낮잠 어쩔 수 없이 켜지는 신호등 별로 사이가 나쁜 자음과 모음이 허둥지둥 뛰어다니는데 날씨가 그대로 흐리다 당신의 어깨가 리을을 발음하게 된다면 XX와 XY는 분명히 다를 것

 그럴 수밖에
 허공에 나를 접붙였잖아

 구멍 같은 건 모르지만 숲은 정말 여기야
 나이테는 모르고 이별 같은 느낌만 알면서

하늘에서 빛나는 총알이 쏟아진다

겨울과 나누는 정신적 외도

당신이 벗은 그림자에 코를 묻습니다
시리고 까만 냄새입니다

키스와 타살이 정확한 반대말처럼 들릴 때

 세상을 뒤집으면 남는 건 여자도 남자도 아닌 겨울. 변성기도 허스키도 아닌 겨울. 목도리도 벨트도 아닌 겨울. 맞아 죽을 작정하고 돌아오는 겨울. 빨간 십자가처럼 동상 걸린 몸을 질질 끌고서. 비둘기들도 스스로 죽는 계절에 웬일이십니까? 시고 떫은 와인을 홀짝이듯 다시 잊어버릴 수도 있었지만.

 당신의 몸은 흐물흐물한 좁쌀이 들어 있는 베개 같았어요. 살점 속에 못한 말들이 들어 있는 것처럼. 슬픔이

알알이 굴러다니는 것처럼. 내가 네 몸이 아닌 것처럼 낯설게…… 검은 폭설이 다시 세상을 전복하고

뚝 그쳐.

당신의 침대 위에 누워 있으면 꼭 죽어 있는 기분이 들었습니다. 한 명분의 그림자를 몽땅 안은 기분. 매캐한 담배 연기와 함께 사라져도 좋을 것 같았는데. 더듬더듬 절망 속에서. 더듬더듬 손에 묻는 이별.

우리의 눈물은 별로 얼릴 것도 없었습니다.

힐링

스트레스 만성피로
마사지로 힐링하세요

간판을 지나칠 수 없어서
잠시 멈춰 섰을 때

너는 이 길이 맞다고
지도 위의 빨간 점을 보여주었다

힐링은 몸과 마음에
수분크림을 바르는 일

북쪽에 사는 사람이
거긴 축축하고 추워서 좋다고 했다

동시에 가능해요?

나는 남쪽에 살기 때문에
오늘은 맑고 청명

그야말로 여름인 줄 알지만

카메라에 입김을 불어
팔꿈치로 닦는다

선명하게 보고 싶은데
가로등 불빛이 흘러내린다

기다렸다는 듯
진짜 빛을
보여주겠다는 듯

너는 아까부터 뭘
찍는 거냐 묻고

깍지 낀 손이 어색해진다
조금씩 힘이 풀리고

모르겠다는 말은
정말 모를 때만 쓰기로 했는데

자연스럽게 딴청 피우는 법은 뭘까

주택가의 씨씨티비
빨간 눈이 잠깐
나타났다 사라진다

역까지는 걸어서 13분
막차는 곧 도착한다

너는 이 길이 맞다고
맞다고

하면서도 두리번거렸지

5분 안에 요리를 끝내야 하는

게임의 인트로에는
지나치게 느긋한 음악이 나왔는데

우리는 막막할 때마다
부르면서 걸었다

가사가 없고
음도 제각기인
그런 노래

서둘러 헤어지느라
후렴구는 듣지 못했지만

울고 싶은 기분이 되어서

축축하고 추운

여름이 있다는 게 믿어졌다

묘원

이름들 사이를 걸었다

공원이면서 무덤인
사잇길에서

한 사람의 이름을 떠올렸다

입술을 부딪히지 않아도
발음되는 이름

깊은 잠을 자는 건 그만큼 슬퍼서야

잠이 길어진 내게
너는 그렇게 말했는데

묘목은
무덤가에 있는 나무

사전상으로는 세 번째 의미

나무 열매를 줍는다
반쯤 열린 보라색 껍질 사이로
비 온 뒤 풀 냄새가 난다

꽃을 꺾는 사람과는 도무지 친구가 될 수 없어

관리인이 나타나 말한다
다섯 시에는 문을 닫는다고

그는 검은 선글라스를 썼다
손에 든
호스 끝에서 물이 떨어진다

다섯 시에는 저도 약속이 있었는데
없어졌어요

묘원은 오전 열 시부터
무료 개방

일요일에는 관리인도 쉰다

루비 켄드릭

호러스 그랜트 언더우드

J.W. 헤론

메리 스크랜턴

소다 가이치

로제타 홀

어니스트 베델……

이름들 사이를 걸었다

묘비의 재료는 돌

높이 76cm 앞면 30cm 옆면 13cm

손끝으로 쓸어보면

움푹

패인 총알 자국

벤치에는 노부부가 정물처럼 앉아 있고
길을 잘못 들어선 연인들이 돌아가고

조금씩 허기를 느끼는 장면

묘원 주변 음식점:
(0.13 km) 골든치즈타르트
(0.16 km) 병천아우내순대족발
(0.17 km) 파사주
(0.26 km) 낫도그앤프라이나잇
(0.27 km) 비포그레이

꼭 만나고 싶은 사람이 있었는데요
없어요

한 사람의 이름을
세 번 떠올렸다

19번 묘지에는 큐알코드가
있지만

오늘은 이상하게
일요일 같고

하늘과 신비

하늘은 신비의 손을 잡고 걷는다

푸드덕, 날아가는 저
두려움 때문에
둘은 여기까지 왔다

아무도 찾지 않는 갈대밭에는
갈대와 바람만 있고

손깍지를 꼭 끼면
하나가 된 것 같아

때마침
갈대가 눕는다

보라매 떼가
시옷을 그리며 날아간다

<u>스스스</u>
<u>스스스</u>

일순간
하늘이 온통 검은빛으로 가득

허공을 가로지르는
하얀 털실
화살촉의 차가운……

항공기가 굉음을 내며
뒤따른다

하늘은 신비의 빈집
투명한 무덤

스스스
스스스

바람이라 기억될 만한
바람이 불고

갈대가 또
눕는다

해바라기 얼굴 속에 들어온 것처럼
끝없고 무서워

하늘은 신비를 꼭 끌어안고
신비는 하늘에게 몸을 기대고

둘은 우거진 갈대밭 안으로
움푹 꺼진다

기어서 기어서 오솔길을 통과하면
두루미에 대한 옛날이야기가 떠오르고
따가운 빛이 몸을 훑고 지나간다

갈대란 깊은 애정을 의미하고
하늘과 신비는 그걸 모른다

서로 마주 보며
이상하고 아름다운 춤을 추는 새

둘이서 즐거울 적에
가을이 다 왔다간 새

한 번 짝꿍하기로 약속하면
평생을 함께 지내는 새

그런 새는 여기 있지만
하늘과 신비는 그걸 모른다

스스스

스스스

다정은 습지를 좋아해

물로 둘러싸인 곳에 둥지를 만들고

신비는 곁에 누워

두루미 이야기를 들려준다

어두움

넓음

가득함

차가움

높음

날카로움
깊
그리고……

항공기는 보라매 뒤를
보라매는 두루미 뒤를
두루미는 하늘과 신비를
쫓고
쫓는데

너무 어린 보라매는
무리에서 떨어져 혼자 난다

하늘은 신비의 두려움을 안다

함께여서 잠시 나아진다는 것도

바람이 불고
갈대가 일어선다

가능한 풍경이 돌아온다

온화한 공기의 실내악

벌새의 코골이를 듣는다

피우 피우
…… 피우 피우

자개 모빌 흔들린다

「어디서
칼질하는 소리가 나네요」

그는 정중하게 말한 다음에
반드시
헛기침을 한 번 한다

나야말로

벌새의 코골이를
듣고 싶었던 건 아니지만

푸른 자개가 부딪히는 소리
스크래치처럼 아름다운
소규모 실내악

「지금
너무 멀리 있어요」

수화기는 그대로
자세만 슬쩍 바꾸었는데도

그는 숨소리로 미래를 감지하고
최악의 시나리오에 대비하는
예언형 인간

그저 이대로
있을 뿐인데

코골이 연주가 끝나면
슈만 멘델스존 브람스 차이코프스키

출제자의 의도를 파악한 화자는
뭉그적거리며
서큘레이터를 끈다

비효율적으로 말하면

화자는 침대 끝으로 기어가 실내 공기를 순환시키는
가정용 전기 기구의 전원 버튼을 눌러 불필요한 소음을
발생시키는 공기의 순환을 멈춘다

알고리즘 관리자는 저녁 메뉴를 고민하느라
벌새 영상만 노출시키고 있다

오래전 멀어진 친구는
아이 셋을 기르는 사람이 되었고
나는 몰래
친구의 삶을 응원하고 있다

슈만의 피아노 콰르텟
1번 다단조

포코 피우
포코 피우

조금 더
조금 더

언젠가 그의 코에서 나던
바람 빠지는 소리

피유 피유

…… 피유 피유우우

세 번 더 들려줘
말하면
세 번 더 들려주었던

마 농 트로포
그러나 지나치지 않게

벌새는 세상에서 가장 작은 새

효율적으로 말하면
헛기침 한 번

한자리에서 가만히 떠 있을 수도 있어요

그는 하품을 참는다
그는 AI가 복제한 가수의 노래를 연습한다
그는 인공 아기집이 상용화된 미래를 상상한다

포코 아 포코
점점……

루바토
자유로운 템포로

모빌은 흔들리면서
소리를 낸다

소리를 내면서
거기에 있다

오키드 헤븐

낯설게 물어줘요. 물기 어린 앞니로. 초록을 밟아줘요. 팽창하는 곳에서. 저기 반짝이는 내리막. 우리인가요? 새로 자란 목젖이 간지러운데. 그보다 흐물거리는 나뭇잎에 가까운. 그곳에 대고 속수무책 뱉는 침. 당신 쪽으로 돌아가는 핸들. 번들거리는 나무들.

우리였나요?
우리였어요?

당신과 어쩌면을 하고 싶은 날. 웃어요. 상냥한 수요일처럼. 굿 웨더. weather 혹은 wether. 고장난 에이처럼 변덕스러운. 밑그림과 나는 친해요. 무례한 나날들을 덮어쓰고요. 덜 자란 그러나를 키울까요? 사랑하고 싶은 발목이 지나가네요.

눈이 네모난 나의 구름 씨. 당신의 우는 얼굴을 가질 수 있다면. 내 어깨가 리을을 발음하게 된다면. 릴렉스와 섹스는 일직선으로 멀어지고. 나는 허공에 접붙어요. 메에메에. 옷깃 같은 건 몰라요. 이 단추는 상식적인 단추인가요. 아니면? 구멍 같은 건 몰라요. **뺨**을 부비는데. 사랑하는 법은 왜 알아요. 코가 기다란 나의 구름 씨.

가볍게 묻어줘요. 뾰족해진 인사로. 초록을 걷어줘요. 기억나는 곳에서. 저기 촉촉히 내리는 기도. 우리인가요? 말할 수 없는 색깔이 혀 아래 듬뿍 찼는데. 그보다 지저분한 낮잠에 가까운 것. 자꾸만 좁아지는 꿈. 콘돔은 영어로도 콘돔인 것처럼. 어쩔 수 없는 신호등.

우리였나요?
우리였어요?

의란

커튼을 열면 푸딩처럼 고인 바다
공중을 떠다니는 케이블카
높은 곳에서도 무섭지 않았지

유행하는 춤을 배우고 싶어
우리는

아래로
아래로

철조망에 피어난 동백
무모하게 **뻗어** 나가는 영산홍
꽃이 자꾸 좋아져 큰일

아름다움이 눈에 들어가면 간지러워

베트남, 몽골, 태국, 라오스
물과 낙원을 섞으면
피가 옅어진대

길을 잃어도 즐거워서 큰일
라이브 모드 촬영과
타인을 배려하는 데시벨
작은 물결과 큰 물결

찌그러진 펭귄
표정이 다른 거북
한쪽 눈을 떨어뜨린 개

바닥에 피어난 동백을 줍고 싶어
우리는

위로
위로

날씨를 가늠할 수 없는 도시에서
검은 두 사람이 쏘다닌다

닮았지만 너무도 다른
피를 나눈
완전무결한, 벌레를 싫어하는 너와
틈이 많은, 백패킹을 싫어하는 나
죽음의 숫자를 좋아하는 너와

잠든 채로 또박또박
말하는 나

우리에게 허락된 다섯 시간
거대해진 심장으로
뚜벅뚜벅 걸으며

절대 위를 보지 마시오

캄캄.
우리의 등을 부드럽게 밀어주는 바람
캄캄.
포테사라의 다정함과
히노끼향 크림.

여행자들의 향기로운 들뜸
귀가 뾰족한 개와
축축 늘어진 관엽식물들.
향 냄새.
캄캄.

오랫동안 걸려 있던
행운을 사고

해안도로를 달리며
밤의 호텔로

내일이면 돌아갈 집이 있다는 거
논알콜 맥주를 마시며

헤어진 연인 떠올린다는 거

함께 늙어서 다시 올게

어린 사랑과 슬픔과 찌그러진 약속을
아무도 없는 모래사장에
두고 온 거

혼자서 강릉엘 갔다

추함도 사랑도 없이
주머니 없는 바지를 입고

바다 보고 싶으면
언제나 동쪽으로 동쪽으로만

잠깐 풋잠에 들었다가
울면서 깨어나면
바다가 보였다

유리창에 이마를
바짝

거기 당신이 살고 있으니까

언제나 동쪽으로 동쪽으로만

작은 집 있던 자리
길쭉한 게스트 하우스가 생겼다

그 집을 올려다봤다

스티로폼 상자처럼 정갈하고
빛 속으로
무수한 머리와 날개들이
제집처럼 드나드는

그런데
모과나무는 어디로 갔지

북향으로 놓인 침대는
오갈 곳 없는 젊음과 기다림은

모두들 어디로 가버렸는지
알 수 없지만
물 깊은 게 좋았다

검은 바다를 보려고
모래밭에 앉아 기다렸다

기다리기만 하면 되는 줄로 알아서

해변의 이름은 누가 짓는 걸까
검은 바다를 내버려두고

알아서 굴러온 공처럼 돌아간다

차가운 막국수 한 그릇에
유예된 마음

저만치서 폭죽이 작게 터지고
휘청휘청 웃으며 쓰러지는 사람들

맥주와 초콜릿 낚싯대와 버려진 구두는
환상의 짝꿍이라는데

나는 한 번 가본 길도
영원히 어려운 사람

때로는 남 일 같은 이야기
길가에서 주워온 돌멩이
쓸모없음이 필요했으므로

돌아와
안 입는 옷을 버렸다

동지(冬至)

밤의 머리카락이 늘어진다
길고 풍성한
자정의 아케이드

실눈 뜨고 불 꺼진 간판을 읽는다
가게는 거기 있지만 눈을 감아야 보인다

오늘은 *쉬는 날입니다*

액운타파를 액운파티로
잘못 읽은 사람이

죽어가는 식물에게 물을 주고
연인의 건조한 손을 쓰다듬으며

기꺼이
밤의 머리카락 속으로 들어간다

우울증에 걸린 낮이
침대 밖으로 나올 줄 모른다

따뜻한 물로 샤워하고
햇빛 아래서 산책하세요
그렇지 않으면……

의사는 말하지만
사실 의사는 나보다 더 우울하고

낮은 깊고 긴

겨울잠에 빠진다

문 닫은 가게들 지나
돌아오는 길

목조건물인 사형장은
5m 높이의 담벼락 안에 있다

미루나무 누워 있다
검은 천을 덮고

검은 천 위에는 흰 눈이 내리고
검은 고양이
흰 발자국을 남긴다

백 년 동안 선 채로
죽음을 바라보던 미루나무

마침내 눕는다

마침
두 다리가 있던 나는
돌아와
인스턴트 팥죽을 먹는다

인공감미료의 단맛
산 사람으로서 느낄 수가 있어

잘 먹고 죽은 귀신 되고 싶어
새알심을 꼭꼭 씹는다
반드시 자연사하고 싶어

늙어 죽은 미루나무처럼
겨울밤에 마구 휘둘리고 싶어

세상에는 나쁜 귀신보다
나쁜 사람이 더 많은데요

물러가라 물러가라

소파에 비스듬히 앉은 불안이
어깨를 으쓱하고

싱크대 안으로 스며든다

혼자서 거품이 나고
그릇이 달그락거린다

셋 중에 하나는 나쁜 사람
세상이 살 만하다면
내가 악귀인지도

밤의 머리카락을 세어본다
잠자는 나의 얼굴이 보인다

도무지 깨어날 생각이 없다

블라디보스토크

달 없는 밤, 택시는 길을 헤매다 낯선 주택가에 내렸고
나는 이만 돌아가자고 했다

너는 개와 산책하는 행인에게 길을 묻는다
목적지는 사실 코앞에 있는데도

개와 그는 안전하다 개와 그는 엄마와 딸처럼 닮았다
개와 그는 나란히 북슬북슬한 털모자 썼다 그들은 손짓
하고 그들은 발짓하고 그들은 어떻게든 설명하고 어떻
게든 알아듣기 위해 점 선 면을 그리고 오래오래 허둥
거리고 개는 커다란 혓바닥으로 발목을 핥고 그는 군말
없이 흰 발목을 내어준다

번들거리는 헤드라이트 몇 개 지나가고

수상한 그림자들 어슬렁거린다 예고 없이 어디선가 폭죽 터지는 소리 우리는 한국에서 왔어요 우리는 선량합니다 모르는 사람이 다가와 담배와 불을 빌려간다 우리는 아래에서 왔어요 우리는 여자입니다 누군가 금방이라도 부술 듯이 창문을 닫는다 우리는 금방 돌아갈 거예요 우리는 잠꼬대를 합니다

 수풀과 철근으로 둘러싸인
 이토록 캄캄하고 지루한 밤의 경치

 봉긋한 게 꼭 무덤 같아 언덕을 오르며 안심한다 나는 네모 입으로 엉엉 울고 너는 세모 입으로 하하 웃는다 울다가 웃으면 아무 일도 일어나지 않지만 금방이라도

무슨 일이 일어날 것만 같다 검은 연인들이 낭떠러지와 가까운 난간에 기대어 껴안고 있다 멀리서 보면 덩어리 같은…… 너도 나를 꼭 안아주었지 다른 사람들이 하는 건 우리도 다 할 거야, 너는 말하고 인간은 왜 높은 곳에서 사랑을 속삭일까 나는 말한다

  노란 불빛들이 만드는 궤적
  손가락을 펼쳐놓고 천천히 움직여본다

  누군가 어둠 속에서 한국말을 한다

00시 정류장의 사랑

밤
가로로
빠르게 지나가는 머리들

모두 어디로 떠나는 걸까

눈 감아봐
파도가 부서져

둘만 남은 세계에서
막차를 기다리면서

큰 사람은 작은 사람의
머리카락을 모아

만두 빚는다

만두
만두 만두 만두
만두 게임을 하자

터진 만두는 먹고
새 만두를 빚어
또 빚어

먹어도 먹어도 맛있어서
자꾸 먹고 싶어서

머리카락 뭉치를 꼭 쥘 때

전해지는 힘과
잔머리의 디테일로부터
정류장은 발생한다

사랑은 나노 단위로
양자 역학의 자세로

마스크의 필터로도
막을 수 없는 것들이 있어

기침도 웃음도
우리는 옮고

미세먼지 좋음

초미세먼지 나쁨

줄금줄금
상관하는 입자들

오늘은 영원히 놓치면 좋겠다

연인은 젊고
서로의 등을 쓸어주면서
생존을 확인하고요

예측 불가능한 승객들
올라타는 다리는 없다

작은 사람은 보는 것을 믿고
큰 사람은 믿는 것을 본다

허공에서 점멸하는 가로등을
벼락으로 착각할 때에

빛 알갱이가
큰 사람에게 부딪히면
작은 사람은 큰 사람을 느낀다

큰 사람이 안경을 벗었다가,
다시 입을 때에

캄캄

이쪽 배에서 저쪽 배로
영혼이 이동하고
터널이 길어지고
밤은 그들을 돕는다

불확정성의 원리로
사랑은 구동되고요

오전 열두 시도
영시도 아닌 얼굴로

사랑할게요

난간 곁에
노랗고 동그란
납작납작 두 송이

나노
나노

정보 없음

시인 노트

시가 점찍은 물통이 되었다

시퍼렇게 날이 선
백지 위에서

자주 혼절
실성 아니면 환장……

비어 있는 몸속으로
미친 사랑이 흐른다

신이 내려와 속삭이는 소리

미안해
내가 다 망쳤어

시인 에세이

「콜드 리딩'. 차가운 읽기. 혹은 상대에 대한 사전 정보가 없는 상태에서 속마음을 읽어내는 고도의 심리학적 기술. 인간의 과거와 현재를 파악하고, 미래를 예측하는 인간 컴퓨터와도 같다. 콜드 리딩을 행하는 자는 '콜드 리더'라고 부른다.」

이 책은 한 시인의 살아 있음에 관한 기록이다.

아주 어릴 적부터 꿈을 꿨다. 매일매일. 망망대해 위를 날아다니는 꿈, 무덤가는 할머니의 뒷모습을 바라보는 꿈, 철조망에 갇힌 구렁이를 구해주는 꿈, 돌아가신 아버지의 무릎을 베고 잠드는 꿈, 아주 커다랗고 푸른 산을 오르는 꿈, 책에서 빠져나온 악귀를 퇴마하는 꿈, 텀블러에 핵폭탄을 담아 던지는 꿈, 한복 입은 조상들과 만나는 꿈, 훤칠한 남자가 되는 꿈, 한국전쟁에 참전하는 꿈, 화장(火葬) 당하는 꿈, 불타는 집을 바라보는 꿈, 군인이 되는 꿈, 스파이가 되어 아무도 모르게 죽는 꿈……

몸이 이유 없이 아팠다. 이런저런 검사를 해도 병명이

없었다. 건강했던 가족들이 연달아 죽었다. 가까운 이들이 나의 섬에서 사라졌다. 하는 일마다 망했다. 세상 만사가 발아래에 있는 것처럼 시시하게 느껴졌다. 꿈에서 본 장면이 종종 실제로 일어났다. 혼자가 되면 꼭 누군가가 나타나 살려놓았다.

어느 날에는 몸이 너무 가벼웠다. 금방이라도 하늘로 두둥실 떠오를 것 같았다. 피 한 방울도 남김없이 빠져나간 것처럼. 손끝부터 투명하게 사라지고 있었다. 비 오는 밤이었다. 자꾸만 이명이 들렸다. 알 수 없는 목소리들이 이어졌다. 잠을 며칠 동안 전혀 잘 수가 없거나 자려고 누우면 검은 형체가 훅 끼쳐왔다.

내가 아는 모든 신에게 빌었다.
부디 조용한 미래를 내려주세요.

번뜩, 눈을 뜨면.

황홀경.
시가 시작된다.

발문

유령들에게 안기어 해파리가 되는 춤

성현아(문학평론가)

 강혜빈의 시는 너절한 세계의 처절 앞에서도 하염없이 천진하다. 비애가 한 겹, 두 겹 몸을 감쌀 때, 옥죄는 슬픔의 무게에 질식하지 않고 도리어 부푼 구름 같은 폭신한 설움의 질감을 탐미하는 시인은 줄곧 명랑하다. 강혜빈은 뭉게뭉게 피어나는 비극을 튜브처럼 껴입고서 더 많은 투명한 유령들과 번들거리는 영혼들과 겹치려 스스로 해파리가 된다. 그녀가 슬프지 않은 것은 아니다. 슬픔으로부터 멀리 달아나 혼자만 시종 유쾌한 것도 아니다. "울고 싶은 기분"(「힐링」)으로 "난 너무 많이 울어서 어쩔 땐 눈물로 변해버릴 것 같아"라는 영화 〈문라이트〉(2017)의 대사를 산문집에 옮겨 쓰기도 한다.

 그러나 밀려드는 눈물의 세계에 압도될 때도 그 흐름을 바다로 느끼면서 결코 잠겨 죽지 않는다. "우리 안에 남아 있는 지느러미를 다 쓰게 될 때까지"(『어느 날 갑자기

다정하게』, 앤드, 2024, 187쪽) 헤엄치자고, 서로의 고통을 촉각으로 만나고 다독다독 어루만지자고 속삭인다. 흐늘흐늘 흘러 다니며 "세상의 모든 돌연변이"(「초전도체」)를 껴안기 위해 유연하고 매끈한 몸을 만드는 강혜빈의 시를 보면서 우리는 히죽 웃게 된다. 그러다 "인간은 숭숭 뚫린 수세미"(「파랗고 흐물흐물한 물통」)에 다름 아니라는 사실을 깨닫는다. 강혜빈의 시에 등장하는 이들은 몸의 구멍들로 피와 눈물, 땀과 설움을 동글동글 흘려보내며 시원해하다 이내 채워지지 않는 공허에 사무치게 외로워한다. 열린 틈으로 각양각색의 타자를 들이고 즐거워하기도 한다. 이러한 존재들을 목도하며 우리는 서로에게 흘러들어 담뿍해질 수 있음에 기뻐하다가 살에 닿는 물결이 언제까지나 마르지 않으리라는 예감에 흘러넘치도록 비참해졌다 한다.

  강혜빈은 끊임없이 '나' 됨을 증명해야 하고 "사랑해도 / 괜찮아요?"(「무지개 판화」, 『밤의 팔레트』, 문학과지성사, 2020)라고 물어 허락을 구해야 하는 세계에서 유령처럼 희미해지는 자신과 같은 존재들을 위해 용기가 되겠다고 선언했었다. 두 번째 시집 『미래는 허밍을 한다』(문학과지성사, 2023)에서 그는 괴짜로 취급받아온 존재들의 사랑을 비정상의 범주로 내모는 데 동원되어 왔던 신을 소환하고 유일신이라는 통념을 무너뜨리면서 더욱 대범하게 "큰 신이 하라셔요 // 사랑을 / 충분히"(「미래 돌연변이」)라는 승인을 얻어냈다. 인간 아닌, 혹은 인간임에도 인간이라고 인정받지 못하는 비인간들, 자랄 기회를 박탈당했으며 그저 그런 어른이 되고 싶지도 않아하는 비성년들과 함께 만든 새로운 몸짓으로 낯선 미래를 불러오기도 했다. 그런 강혜빈은 이번 시집 『콜드 리딩』에서도 "단지 떠내려가기 위한 움직임"(「버추얼 해피 아워」)을 통해 그 춤사위를 이어 나간다. 피눈물을 흘리다 출렁임만 남은 이들을 온몸으로 맞이하며 기꺼이 흐른다.

  강혜빈의 시에서는 "매일 새로운 귀신들"(「해피포비아」)이 '나'를 찾아온다. 화자는 찾아온 귀신들의 사연을 들어주거나 이들의 고통을 받아 안는 등의 영매 역할을 하지 않는다. 매개자이자 중간자적 존재라 불리는 시인이 수행하는 것으로 여겨지는 '들림'을 통한 진혼 의식을 치르지도 않는다. 오히려 그들이 싱싱하고 밝은 모습으로 마구 쳐들어와 자신을 홀려주길 기다린다. 귀신이 되어버린 이들이 살아서 겪었던 참혹한 사연을 듣고 이들의 원한을 풀어주는 게 아니라 그저 비통하지만 신명이 난, 그러한 양가감정이 공존할 수 있음을 체득한 이들에게서 인간은 감히 흉내 낼 수 없는 살풀이춤을 배운다. "세상에는 나쁜 귀신보다 / 나쁜 사람이 더 많"(「동지(冬至)」)고 시시때때로 마녀나 악귀로 손가락질 당하는 '나'들은 나다움을 빼앗긴 이들이 나다워지기 위해 필사적으로 흐르고 흔들리며 추는 춤의 의미를 정확히 알고 있다.

그러한 다정한 환대로 인해, 함부로 재앙이라 불리고 공연히 비난받아온 영혼들은 누군가를 달래주러 온 반가운 손님이 된다. 말 그대로 그의 시는 "액운타파를 액운파티로"(「동지(冬至)」) 바꿔내는 시다. 그래서 가장 길고 어두운 겨울 '동지(冬至)'는 인간 아닌 것으로 내몰려 가끔은 악귀를 자처해야 하는 동지(同志)들이 더욱 오래 머물러주는 기쁜 날이 된다. 그의 시에서 이 세계는 "공원이면서 무덤인"(「묘원」) 오묘한 공간이다. 그러므로 충분히 산책과 성묘, 죽음과 기쁨, 발랄과 처연이 공존할 수 있는 곳이다.

이처럼 강혜빈은 양립할 수 없을 것 같은 명제들이 나란히 서는 역설을 깊이 이해하는 시인이다. 그가 시인이면서 사진작가이고 강사이면서 타로마스터이기에,

여러 몸이 되어 분할된 일들을 동시에 꾸려나가 보았기 때문에 그러한 통찰이 가능했던 것일까. 다 알 수는 없지만, 분명한 것은 바쁘게 살아가는 일과 느리게 죽어가는 일, 열렬히 사랑하는 일과 맹렬히 미움받는 일을 그가 동시에 감내하고 있다는 점이다. 감당할 뿐 아니라 잔망스럽게 즐긴다. 물방울이 맺히듯 가뿐한 표정으로 산뜻하게 울고 꼬박꼬박 웃는 강혜빈 시인을 따라가면 왠지 허물어지는 세계가 마냥 두렵지 않다. 우릴 기다리는 게 **빼곡한** 멸망만은 아닐 것 같다.

그의 시를 호흡하면서 거기에 깃든 모든 영들을 들이마시면, 우리는 말캉이는 거대한 마음으로 거듭날 것이다. 어렵사리 얻어낸 이 마음은 동그란 여백들을 품고 있을 것이고 그 "비어 있는 몸속으로 / 미친 사랑이"(「시인 노트」) 흘러들 것이다. 그렇게 충만하게 가벼워진다.

강혜빈에 대하여

『밤의 팔레트』에서 제출한 시적 화자는 고백하는 '한 사람'이면서 거의 언제나 '두 명의 나'로 갈라지거나 마주하거나 밀고 당기는 여러 가지 모양새로 대화적 구도를 형성하면서 시집에 부응하는 핍진한 형식이 되어준다. 그에게 주체의 분열을 가져오는 것은 '퀴어'의 존재론이다. 이를테면 여기서 고백하는 '한 사람'은 누군가에게 "언니와 형"(「무지개 판화」) 사이에서 흔들리는 이름이다. 강혜빈의 첫 시집은 이 문제를 전면적으로 마주하며, 다각적으로 비추고, 심층적으로 파고들어 새로운 지평을 열어 보인다. (…) 『밤의 팔레트』는 여러모로 강력하다. 서로 다른 제목이 붙은 편편의 시들도 이 시집의 '팔레트'에 뒤섞여 경계가 무화되는 것 같다. 한 편의 시가 주는 인상들이 제각기 빛을 모아 시집으로 묶인다기보다는 시집 전체가 주는 인상이 편편의 시들에 흩어져 있는 것 같기도 했다. 시보다 시집 전체가 빚어내는 이미지가 압도적이었다. 이 시집으로부터 강혜빈의 다음 시가 쓰일 것이다.

김행숙, 「고백으로 선언에 도착한다-비밀, 무지개, 파란 피」,
『문학동네』 2020년 가을호.

첫 시집 『밤의 팔레트』가 주체가 거주하는 세계의 가치관과 언어를 해체하면서도 새로운 세계를 형성하는 'Genesis'의 과정을 보여주었다면, 『미래는 허밍을 한다』는 실재적인 것에 저항하면서 미래를 향해 "자주 솔직하고 자주 절망하지만, 끝내 씩씩하게 걸어"(강혜빈, 「미안하지만 아직 안 죽어」, 『나의 생활 건강』, 자음과모음, 2021, 105쪽)나가면서 고난과 역경을 극복해나가는 'Exodus'의 과정을 그려간다. 강혜빈은 이번 시집에서도 언어의 규약에 적응해야만 하는 '육체'에 대하여 새로운 응시를 보내며 타자를 발견해가는 감각과 사유를 펼쳐나간다.

<small>염선옥, 「환대하지 않는 세계를 환대하는 방식」, 『서정시학』 2023년 가을호.</small>

강혜빈의 신작들은 우리가 존재하는 이 세계의 구성 원리, 그리고 그 속에서의 삶의 양태들에 대해서 사유의 깊이를 보여준다. 시인은 매우 원론적인 차원에서 세계와 사물들에 대해서 형이상학적인 태도를 보이고 있는데, 그러한 철학적 관심 속에서는 음과 양, 해와 달, 아폴론적 세계와 디오니소스 세계처럼 이원적 구도로 이루어진 세계의 원리와 시간의 예술이라고 할 수

있는 밤과 낮, 순간과 영원 등의 다양한 주제들이 들끓고 있다.

황치복, 「사유의 힘」, 『열린시학』 2017년 겨울호

『밤의 팔레트』의 퀴어와 소녀들은 자신들의 '이상한' 신체의 감각을 바탕으로 익숙한 세계의 질서를 상대화한다. 그리고 이때 이들이 보이는 능수능란한 위장술이 단순히 세계와 유희하는 기예가 아니라 그러한 세계 안에서 생존하기 위한 기술이기도 하다는 점을 덧붙이고 싶다. 이들은 "가끔 우리가 살아 있는 게 기적 같"은 일로 느껴지지 않는, "내가 나인 것을 증명하지 않아도 될 때"(「미니멀리스트」)를 꿈꾸며, 싸우고 사랑하고 자라난다.

김보경, 「낯설거나 이상한」, 『문학과사회』 2020년 여름호

K-포엣
콜드 리딩

2024년 12월 20일 초판 1쇄 발행

지은이 강혜빈
펴낸이 김재범
펴낸곳 (주)아시아
출판등록 2006년 1월 27일 제406-2006-000004호
전자우편 bookasia@hanmail.net

ISBN 979-11-5662-317-5 (set) | 979-11-5662-728-9 (04810)

*이 책 내용의 전부 또는 일부를 재사용하려면 반드시 저작권자와 아시아 양측의 동의를 받아야 합니다.
*제작·인쇄 및 유통상의 파본 도서는 구입하신 서점에서 바꿔드립니다.
*값은 뒤표지에 있습니다.

K-픽션 시리즈 | Korean Fiction Series

〈K-픽션〉 시리즈는 한국문학의 젊은 상상력입니다. 최근 발표된 가장 우수하고 흥미로운 작품을 엄선하여 출간하는 〈K-픽션〉은 한국문학의 생생한 현장을 국내외 독자들과 실시간으로 공유하고자 기획되었습니다. 〈바이링궐 에디션 한국 대표 소설〉 시리즈를 통해 검증된 탁월한 번역진이 참여하여 원작의 재미와 품격을 최대한 살린 〈K-픽션〉 시리즈는 매 계절마다 새로운 작품을 선보입니다.

001 버핏과의 저녁 식사-**박민규** Dinner with Buffett-**Park Min-gyu**
002 아르판-**박형서** Arpan-**Park hyoung su**
003 애드벌룬-**손보미** Hot Air Balloon-**Son Bo-mi**
004 나의 클린트 이스트우드-**오한기** My Clint Eastwood-**Oh Han-ki**
005 이베리아의 전갈-**최민우** Dishonored-**Choi Min-woo**
006 양의 미래-**황정은** Kong's Garden-**Hwang Jung-eun**
007 대니-**윤이형** Danny-**Yun I-hyeong**
008 퇴근-**천명관** Homecoming-**Cheon Myeong-kwan**
009 옥화-**금희** Ok-hwa-**Geum Hee**
010 시차-**백수린** Time Difference-**Baik Sou linne**
011 올드 맨 리버-**이장욱** Old Man River-**Lee Jang-wook**
012 권순찬과 착한 사람들-**이기호** Kwon Sun-chan and Nice People-**Lee Ki-ho**
013 알바생 자르기-**장강명** Fired-**Chang Kang-myoung**
014 어디로 가고 싶으신가요-**김애란** Where Would You Like To Go?-**Kim Ae-ran**
015 세상에서 가장 비싼 소설-**김민정** The World's Most Expensive Novel-**Kim Min-jung**
016 체스의 모든 것-**김금희** Everything About Chess-**Kim Keum-hee**
017 할로윈-**정한아** Halloween-**Chung Han-ah**
018 그 여름-**최은영** The Summer-**Choi Eunyoung**
019 어느 피씨주의자의 종생기-**구병모** The Story of P.C.-**Gu Byeong-mo**
020 모르는 영역-**권여선** An Unknown Realm-**Kwon Yeo-sun**
021 4월의 눈-**손원평** April Snow-**Sohn Won-pyung**
022 서우-**강화길** Seo-u-**Kang Hwa-gil**
023 가출-**조남주** Run Away-**Cho Nam-joo**
024 연애의 감정학-**백영옥** How to Break Up Like a Winner-**Baek Young-ok**
025 창모-**우다영** Chang-mo-**Woo Da-young**
026 검은 방-**정지아** The Black Room-**Jeong Ji-a**
027 도쿄의 마야-**장류진** Maya in Tokyo-**Jang Ryu-jin**
028 홀리데이 홈-**편혜영** Holiday Home-**Pyun Hye-young**
029 해피 투게더-**서장원** Happy Together-**Seo Jang-won**
030 골드러시-**서수진** Gold Rush-**Seo Su-jin**
031 당신이 보고 싶어하는 세상-**장강명** The World You Want to See-**Chang Kang-myoung**
032 지난밤 내 꿈에-**정한아** Last Night, In My Dream-**Chung Han-ah**
Special 휴가중인 시체-**김중혁** Corpse on Vacation-**Kim Jung-hyuk**
Special 사파에서-**방현석** Love in Sa Pa-**Bang Hyeon-seok**